Willi wills wissen

?

Die Autorin

Veronika Straaß, geboren 1957, ist Diplom-Biologin. Sie arbeitete u.a. in Südafrika sowie für die Wildbiologische Gesellschaft in München und ist seit 1987 als Journalistin, Buchautorin, Redakteurin und Übersetzerin tätig. Veronika Straaß schreibt Bücher und Artikel, u.a. für so bekannte Zeitschriften wie „Natur & Kosmos", „P.M." oder „Geo Saison" und hat für den Baumhaus Verlag schon einige Willi wills wissen-Bücher geschrieben.

Bildquellennachweis:
Banfi: S. 21l * Bringbackthecranes.org: S. 25 * Fotonatur.de: S. 28om, 29mr, 30ur, 31ur, 37u, 39mr * Getty Images: S. 38o * Guidehorse.org: S. 9ur * JahnDesign: S. 22ol, 29u, 37or, 41ol * Levin-Rowe, Arlene: S. 17 * Megaherz: S. 8u, 18, 40 * Okapia: S. 3ul+ur, 10ol, 8ol, 9o+ul, 10, 11mr, 14o, 15or, 21ur, 28u, 29ol, 30o, 32m, 33o, 35mr+ur, 39mr, 41u, 42l * Peggy, Jenny: S. 42ur * Picture Alliance: S. 2ul+ur, 4m, 6o+u, 10u, 11l+u, 12o+u, 13u, 19u, 20m+u, 21o+mr, 22or+ur, 23or, 23ur, 24ul+ur, 26o+u, 27, 28u, 31o+ul, 32or+ur, 33ur+um+ml+ml, 34o, 36o, 38ul+um+ur, 39o+ul+um, 43or+ur, 44 mr, 45ul * Savagne-Rumbaugh/Nova: S. 43l * Shutterstock: S. 22o, 22/23Fond, 24u, 24/25Fond, 28, 41 * Users.ox.ac.uk: S. 44 ol, S. 45 or * Waldrapp.eu: S. 24 * Wikipedia: S. 7or
Umschlagfoto: Corbis, Getty Images, Panthermedia

Herzlichen Dank an Willi Weitzel und sein Team für die stets wunderbare Unterstützung!
© 2009 Baumhaus Verlag, Bergisch Gladbach und Köln
Umschlaggestaltung, Gestaltungskonzept und Willi-Illustrationen: Götz Rohloff
Innengestaltung, Illustrationen, Satz: JahnDesign Thomas Jahn
Gesetzt aus der Myriad Pro
Druck und Verarbeitung: Himmer AG, Augsburg
Textredaktion: Uwe Kauss, Harald Kiesel; Bildredaktion: Martina Boda
Lizenz durch TELEPOOL
© 2009 megaherz für den Bayerischen Rundfunk
Alle Rechte vorbehalten
ISBN 978-3-8339-2725-6

Gesamtverzeichnis schickt gern:
Baumhaus Verlag GmbH
Scheidtbachstraße 23 – 31
51469 Bergisch Gladbach

Kamera läuft!

Rex, der schlaue Superhund

Also, wer Fernsehen guckt, für den ist das doch gar keine Frage, oder? Tiere sind total schlau. Manche jedenfalls. Kommissar Rex zum Beispiel hat eine Menge Grips. Neulich bekam sein Herrchen ein Riesenproblem: Die Verbrecher hatten ihn gefesselt, und die Zeitbombe tickte. Aber Rex hat gerade noch ein Messer gefunden, hat's zu seinem Herrchen getragen und ihm in die Hand gedrückt. Und der konnte im letzten Moment die Fesseln durchschneiden.

Ist Rex also wirklich ein schlauer Hund? So ganz sicher bin ich mir nicht. Deshalb frage ich vorsichtshalber bei Martin nach. Martin weiß so was nämlich. Er studiert Biologie an der Uni Wien und erforscht, wie intelligent Hunde sind. Seine „Testpersonen" sind die Hunde von Marion Fuchs, die in der Nähe von Wien auf einem Bauernhof Border Collies züchtet.

Und Martin denkt ein bisschen anders über Rex als ich: „Stimmt, Kommissar Rex ist wirklich ein toller Hund. Weil er sich so viele Befehle merken kann." Wie bitte? Nein, da hat er mich falsch verstanden! „Moment mal. In dem Film hat

Aha, Kommissar Rex mit seinem Supergespür hat wohl mal wieder den Bösewicht gefunden? Falsch. Rex springt nur deshalb an dem „Täter" hoch, weil sein Hundelehrer ihm das Zeichen dazu gegeben hat.

niemand dem Rex etwas befohlen!", stelle ich klar.

„Wetten, dass doch?" Martin grinst. „Das siehst du im Film natürlich nicht. Entweder steht der Hundelehrer hinter dem Kameramann und gibt dem Hund Zeichen, was er tun soll. Oder der Hund lässt sich direkt von dem Schauspieler sagen, was Sache ist. Einer der beiden hat dem Hund jedenfalls ‚gesagt', dass er das Messer bringen soll. Dieser Rex ist sicher ein super ausgebildeter Hund – aber mit Durchblick hat das nichts zu tun."

Genies im Zirkus?
Ein kleiner Tipp: Wenn Du das nächste Mal rechnende Ponies im Zirkus siehst, dann schau ausnahmsweise mal nicht auf das Pony, sondern auf den Mann, der dem Pony die Fragen stellt. Nimmt er auf einmal die Peitsche in die andere Hand? Oder stützt er plötzlich die Hand in die Hüfte – und hört das Pony danach sofort auf, mit dem Huf zu klopfen? Na, dann weißt du ja Bescheid!

Der Kluge Hans

Und mit den schlauen Wunderpferden ist es genauso, hat mir Martin erzählt: Das Pferd Hans wurde sogar weltberühmt, weil es so unglaublich gut rechnen konnte – jedenfalls glaubten das alle. Komischerweise rechnete der „Kluge Hans" aber auch dann richtig, wenn man ihm die Aufgaben in einer fremden Sprache stellte. Sogar wenn man sich die Aufgaben nur dachte, klopfte er die richtige Antwort mit dem Huf auf den Boden. Verstand er Französisch? Konnte er Gedanken lesen? Nein, er beobachtete nur seinen Lehrer sehr genau. Der hob nämlich genau dann ein kleines bisschen den Kopf, wenn Hans die richtige Zahl auf den Boden geklopft hatte. Und Hans sah die winzige Bewegung – und hörte auf zu klopfen. Schlaues Pferd!

Für den Film „Ein Schweinchen namens Babe" wurde nicht etwa *ein* Ferkel ausgebildet, sondern nach und nach 48 Stück. Warum so viele? Weil ein Ferkel pro Woche zwei Zentimeter wächst und fünf Kilogramm zunimmt. Nach 24 Wochen Dreharbeiten wäre aus der niedlichen Babe eine Riesensau von fast drei Zentnern geworden. Also mussten alle drei Wochen die zu großen Ferkel gegen neue kleinere „Schauspieler" ausgetauscht werden.

Die denken für zwei!

Auch Hunde müssen in die Schule

Eigentlich ist das ungerecht: Es gibt so viele Hunde, die genauso viel können wie Kommissar Rex und trotzdem keine Fan-Post bekommen. Wenn sie im Einsatz sind, steht kein Kameramann daneben. Heute bin ich in Olching bei Rosa, weil ich ein paar dieser heimlichen Helden kennen lernen will. Denn Rosa bildet Blindenführhunde aus.

Ich werde schon erwartet: „Du kommst grad im richtigen Moment. Ich will nämlich mit der Vroni ein bisschen trainieren. Kommst du mit?"

„Na klar! Und wohin gehen wir?", will ich wissen.

„Wir laufen einfach mitten durch die Stadt", beschließt Rosa. „Vroni soll ja lernen, dass sie sich von Autohupen und Kindergeschrei und anderen Hunden nicht ablenken lässt. Stell dir mal vor, sie geht später mit einem Blinden zum Einkaufen und saust dann hinter einer Katze her! So was geht überhaupt nicht!"

„Ganz schön schwer für so einen jungen Hund!", meine ich.

Rosa nickt. „Das kann man wohl sagen! Das schafft längst nicht jeder. Ich muss mir meine Schüler genau aussuchen."

Vroni im Geschirr

Während wir reden, führt Hündin Vroni ihre Rosa um einen Mülleimer herum, weicht danach einer Baugrube im

Gehweg aus und bleibt schließlich brav am Bordstein stehen.

Ich bin schwer beeindruckt! „Wahnsinn! Woher weiß sie, wie viel Platz sie neben sich lassen muss, damit du nicht an den Mülleimer rempelst?"

„Da gibt es ein tolles Hilfsmittel in der Ausbildung", erzählt Rosa, „Die Hunde werden mit ihrem Führgeschirr an ein leichtes Gestell mit Rädern angeschnallt. Wenn der Hund losläuft, fährt der Wagen ständig neben ihm her. Der Trick dabei: Dieser ‚Führwagen' ist so breit und hoch wie ein Mensch."

Mir geht ein Licht auf: „Aha, und wenn die Vroni zu knapp an einem Papierkorb vorbeigeht, bleibt sie mit dem Führwagen dran hängen. Das nervt sie natürlich, also hält sie das nächste Mal mehr Abstand."

„Genau", ergänzt Rosa, „und wenn sie unter einem tief hängenden Ast durchgeht, bleibt sie auch hängen. Wenn sie am Straßenrand nicht stoppt, sondern einfach weiterläuft, verhaken sich die Räder am Bordstein und so weiter. Vroni hat das schon ganz automatisch drauf: Sobald sie das Führgeschirr trägt, fühlt sie sich, als wäre sie 50 Zentimeter breiter und 1,20 Meter höher."

In den Vereinigten Staaten werden manchmal sogar Mini-Ponies als Blindenhelfer ausgebildet. Die Winzlinge machen ihre Sache richtig gut: Sie gehen auf Kommando nach rechts oder links, leiten um Hindernisse herum, suchen auf Befehl den nächsten Briefkasten, die nächste Treppe oder Tür und bleiben brav am Bordstein stehen. Mit dem Treppensteigen allerdings tun sie sich schwerer als Hunde.

Coole Kraken!

Tiere mit Persönlichkeit

Heute bin ich wieder mal bei Martin auf dem Bauernhof, aber Rosa und ihre Blindenführhunde gehen mir einfach nicht aus dem Kopf. „Die richtige Persönlichkeit ist wichtig," hat sie gesagt …

„Sag mal Martin", frage ich schließlich, „haben Hunde denn eine Persönlichkeit?"

„Na, und ob!" Martin ist fast empört über die Frage. „Mit Sicherheit, Willi! Aber Persönlichkeit haben auch Tiere, denen du das nie zutrauen würdest."

„Wer zum Beispiel? Regenwürmer?", rätsel ich, „oder Schnecken?"

„Du bist dicht dran", grinst Martin, „Kraken! Die sind ja mit Schnecken verwandt. Kraken sind richtige Persönlichkeiten. Hättest du nicht gedacht, oder? Im Meeresaquarium in Seattle haben sie die Persönlichkeit von Kraken sogar getestet."

Martin ist bei seinem Lieblingsthema angekommen. „Die Persönlichkeit von Tieren ist was unglaublich Spannendes", erzählt er begeistert, „grad bei Hunden. Der Job der Border Collies hierzulande ist ja, dass sie Schafe hüten und treiben, aber jeder Hund erledigt seinen Job anders, je nach Persönlichkeit. Ich zeig's dir mal. – Sid!", ruft er zur Scheune rüber, „Sid, bring die Schafe!"

Border Collie Sid flitzt los wie ein Pfeil, quer über die riesige Weide neben dem Hof. Ganz hinten weiden ein paar Schafe. Als Sid die Schafe fast erreicht hat, bremst er runter zu einem wolfsartigen Schleichen. Im großen Bogen trabt er geduckt um die Schafe herum und „schiebt" sie von hinten langsam auf uns zu. In Rekordzeit hat er die Miniherde hergebracht. Unglaublich!

WWW Kraken sind echt fit im Kopf: Sie können sogar lernen, Marmeladengläser aufzuschrauben. Du glaubst es nicht? Hier kannst du es sehen.

Denker und Hektiker

„Sid ist ein richtiger Denker", erklärt Martin. „Der überlegt sich vorher genau, was er macht. – Und jetzt schau mal, wie Fee Schafe treibt. – Fee!", ruft Martin zur Scheune rüber, „Fee, bring die Schafe!"

Auch Fee flitzt los, aber sie stürzt sich schwungvoll mitten zwischen die Schafe, die prompt in alle Richtungen auseinanderlaufen. Mühsam muss sie ihre Schäfchen einsammeln, und erst nach vielem Hin und Her kommt sie mit der erschöpften Herde bei uns an.

„Bisschen hektisch, hmmm?", meine ich.

„Genau. Die Fee rumpelt erst mal drauflos, und dann schaut sie ein bisschen dumm, wenn alles nicht so klappt, wie sie's gern hätte", schmunzelt Martin. „Eine ganz andere Persönlichkeit."

WWW
Border Collies sind ungemein intelligente und hübsche Hunde. Kein Wunder, dass sie nicht nur als Hütehunde, sondern auch als Familienhunde immer beliebter werden. Leider. Denn genau das kann zum Problem werden: Wenn Borders zweimal am Tag ein Weilchen spazierengehen, sind sie längst noch nicht ausgelastet. Aber wenn man ihnen keine Arbeit gibt, suchen sie sich eine: Unterbeschäftigte Borders sind schon auf die Idee gekommen, Schulkinder wie Schafe zusammenzutreiben ...

Dummes Schaf und blöde Gans?

"Mal ehrlich, Schafe sind ganz schön doof, oder?", frage ich Martin, „sonst würden sie sich doch nicht so von den Hunden rumscheuchen lassen."

„Da irrst du dich aber gewaltig", widerspricht er. „Ich geb zu, Schafe sehen ziemlich hirnlos aus, aber das täuscht. – Kommst du mit in den Schafstall? Wir können ja mal was ausprobieren."

Wir stehen vor den paar Schafen, die gerade noch von Fee und Sid über die Weide getrieben worden sind und jetzt ihre wohlverdiente Fresspause genießen. Gemächlich mümmeln sie ihr Heu und glubschen uns dabei ausdruckslos an.

Schafsgesichter

„Wie Intelligenzbestien sehen sie nicht gerade aus!", grinst Martin. „Aber jetzt merk dir mal eins von den Schafen, und dann mach die Augen zu."

Ich versuche, mir eins der fünf Wollgesichter einzuprägen. Gar nicht so leicht. Alle haben die gleichen Römernasen, die gleichen glasigen Augen, die gleichen abstehenden Ohren …

Ein Schaf wie das andere?

Moment, bei dem da drüben stehen die Ohren ein bisschen höher als bei den anderen, oder?

„Fertig", melde ich und kneife die Augen zu.

„Okay", sagt Martin nach einer Weile. „Du kannst die Augen wieder aufmachen. – Also, ich habe die Schafe inzwischen ein bisschen ‚gemischt'. Welches davon ist dein Schaf?"

Verflixt, wo ist es nur? Plötzlich sehen sie alle aus, als wären sie geklont! „Ich geb's auf", seufze ich schließlich. „Ein Schaf wie das andere."

„Ja, in dem Punkt sind sie uns wirklich überlegen", grinst Martin. „Mir geht's genauso wie dir: Ich kann nicht mal fünf Schafe auseinanderhalten. Aber die schlauesten Schafe können 50 Artgenossen voneinander unterscheiden! 50 Schafsgesichter, eins so wollig wie das andere! Und das alles merken sie sich auch noch bis zu zwei Jahre."

„Oh Mann", murmele ich beeindruckt. „Die habe ich ja gewaltig unterschätzt! Sorry, Schafe!"

„‚Dumme Gans' ist übrigens genauso verkehrt", fährt Martin fort. „In einer großen Gänsekolonie aus 100 Tieren kennt jede jede. Die wissen genau, wer von den 100 mit wem verbandelt ist, wo eine Dreiecksgeschichte läuft, wo die Ehe gerade zerkracht, wo zwei Ganter eine Homo-Ehe führen… . Die Beziehungskisten von Graugänsen – das ist ein Kapitel für sich."

Dummes Huhn?
Wer Hühner für dümmlich hält, tut ihnen unrecht: Neuere Forschungen haben gezeigt, dass ihr Gackern nur für unsere Ohren leer klingt. Wenn sie Futter gefunden haben, gackern sie nämlich nicht einfach nur ihre Artgenossen herbei; sie erzählen ihnen genau, was sie gefunden haben und mit ihnen teilen möchten – in bis zu 20 verschiedenen Gacker-Tönen.

Wie am Schnürchen!

Wie schlau ist der Wauwau?

Hunde können unglaublich viel: Schafe treiben, Drogen suchen, Blinde führen, sogar Leitern raufsteigen oder Schubladen aufziehen – wenn's ihnen jemand beibringt. Aber sind sie deswegen schon schlau? Genau das würde Biologiestudent Martin gern wissen: Er will herausfinden, ob Hunde ganz allein Probleme lösen können.

„Willst du mal sehen, was für einen Intelligenztest ich mir ausgedacht habe?", fragt er und zeigt mir stolz ein seltsames Etwas: Er hat ein Stück Plastikrohr waagerecht so an einen Ständer angeschraubt, dass man das Rohr wie eine Wippe nach rechts oder links kippen kann. Und an jedes Rohrende hat Martin mit viel Paketband eine dicke Schnur geklebt.

„Tja, sieht spannend aus", meine ich vorsichtig, „aber was hat das mit den schlauen Hunden zu tun?"

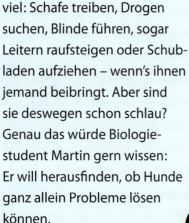

Quinny auf dem Prüfstand

„Das wirst du gleich sehen. – Quinny!", ruft er rüber zur Scheune. Ein junger Border Collie kommt angesprungen. „Quinny, jetzt pass gut auf", mahnt Martin und lässt ein Leckerli durch ein Loch von oben mitten ins Rohr plumpsen. Quinny hat gespannt zugeschaut. Er kann von den Seiten ins Rohr hineinschauen, er kann das Häppchen sehen und riechen – aber so tief er auch die Nase ins Rohr bohrt, die Schnauze ist einfach zu kurz! Dabei müsste er doch nur an einer Schnur ziehen, damit das Rohr kippt und das Leckerli rausrutscht. Aber er kommt einfach nicht drauf. Ratlos schaut er Martin an. Der erbarmt sich schließlich und zeigt ihm, wie's geht.

Als Nächste ist Josy an der Reihe. „Ha, der sieht man aber an, dass sie sich mit Leckerlis auskennt", grinse ich und streichle ihren Speckrücken. Wieder lässt Martin ein Leckerli ins Rohr fallen; Josy schaut ihm zu. Und dann verblüfft sie uns beide: Sie packt einfach eine der Schnüre, zieht daran und holt sich den rausgefallenen Keks.

„Donnerwetter! Die hat das auf Anhieb geschafft?", frage ich ungläubig. „Nein, nicht ganz", lacht Martin, „sie hat gesehen, wie ich Quinny den Trick mit der Schnur gezeigt habe und hat's einfach nachgemacht. Aber auch dazu gehört eine Menge Intelligenz. Lernen durch Zuschauen – das kann nicht jeder Hund. – Josy, toll gemacht!"

Hunde, die für die Polizei oder die Feuerwehr arbeiten, müssen nicht nur eine Menge lernen. Manchmal müssen sie auch verflixt gute Nerven haben…

Seit einiger Zeit geistern Intelligenztests für Hunde durch Fernsehen und Zeitungen – aber man sollte sie besser nicht zu ernst nehmen. Intelligent ist ein Hund angeblich, wenn er ein übergeworfenes Handtuch in kürzester Zeit abschütteln kann. Manche Hunde finden es aber unter dem Handtuch urgemütlich und rollen sich darin zum Schlafen ein. Sind sie deswegen dumm? Oder: Ein Hund gilt als superschlau, wenn er schon nach kurzem Üben gelernt hat, Bälle zu apportieren. Manche Hunde finden es aber zwecklos etwas herzubringen, das ihr Herrchen offenbar nicht mehr haben will und wegwirft. Sind sie deshalb doof?

Du schaffst es, Guiness!

Das Hundebüro von Wien

Wenn ich euch erzähle, was ich jetzt gerade sehe, also … das glaubt ihr mir nicht: Da sitzt ein Hund vor dem Bildschirm, als wär er eine Sekretärin! Echt wahr! Er tippt zwar nicht mit den Pfoten auf die Tastatur, aber er schaut richtig konzentriert auf den Monitor.

Verwirrt sehe ich mir die Hundesekretärin an. Friederike muss über mein dummes Gesicht schmunzeln. „Na klar", frotzelt sie, „bei uns studieren natürlich auch die Hunde und müssen an den PC!" Friederike ist übrigens Biologin an der Uni Wien, und ihr Hund Guiness ist es, der vor dem Bildschirm sitzt.

„Jetzt mal im Ernst: Was macht dein Hund da?", frage ich.

„Guiness zeigt mir, ob er die Gemeinsamkeiten von Dingen erkennt. Wir Menschen haben damit ja kein Problem und bilden ständig Oberbegriffe für alles Mögliche."

„Bist du sicher?", zweifle ich. „Ich jedenfalls nicht. Glaube ich wenigstens."

„Wetten, dass doch?", beharrt Friederike. „Sag mal, wie bist du eigentlich nach Wien gekommen?"

„Mit dem Auto", antworte ich verwirrt.

„Siehst du!", strahlt Friederike. „Du hast den Oberbegriff Auto verwendet. Und du machst diese Willi-wills-wissen-Sendungen für Kinder – wieder ein Oberbegriff für alle Menschen bis zum Alter von 12 Jahren. Und vorhin hast du dir aus der Kantine ein bisschen Obst geholt – ein Oberbegriff, der für Aprikose bis Zitrone gilt.

Also, ich will herausfinden, ob Hunde das auch können: die Gemeinsamkeiten von Dingen oder Lebewesen erkennen", erklärt Friederike. „Natürlich habe ich etwas rausgesucht, was Hunde interessiert, sonst würden sie ja nicht mitarbeiten. Sie sollen zeigen, ob sie auf dem Monitor Hundebilder von Landschaftsbildern unterscheiden können. Wenn sie mit der Nase richtig auf das Hundebild stupsen, gibt's ein Leckerli. Stupsen sie auf das Landschaftsbild, gibt's nix."

„Und? Was ist rausgekommen bei deinem Test?", frage ich gespannt. „Können sie's oder können sie's nicht?"

„Ja, sie können's!", strahlt Friederike. „Egal ob wir ihnen Bilder von Pekinesen, Boxern, Schäferhunden oder Chihuahuas zeigen: Sie haben richtig erkannt, dass das alles Hunde sind."

Wenn es darum ging, die Gemeinsamkeiten von Dingen zu erkennen, war der Graupapagei Alex unschlagbar: Die Wissenschaftlerin Dr. Irene Pepperberg zeigte ihm auf einem Tablett Würfel und Kugeln in Rot und Grün und forderte ihn dann auf, nur die grünen Würfel zu zählen. Alex musste also gleichzeitig zwei Oberbegriffe im Kopf behalten – Form und Farbe – und dann auch noch zählen. Er bestand den Test mit Auszeichnung!

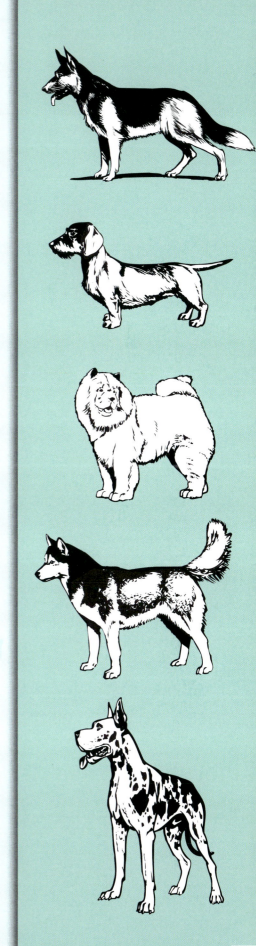

Wo ist beim Pony das Gaspedal?

Muss ein Pony eigentlich Grips haben, damit man es reiten kann? Am besten, ich frage mal Renate; die weiß es bestimmt. Renate züchtet nämlich seit 18 Jahren Islandponies in Niederbayern.

„Sag mal, wie funktioniert das eigentlich mit dem Reiten?", frage ich Renate. „Man drückt dem Pferd die Fersen rein, und dann muss es einfach loslaufen, oder? Genauso wie ich mit dem Bein zucken muss, wenn der Doktor mit dem Hämmerchen an die richtige Stelle am Knie haut?"

Renate kringelt sich vor Lachen. „Schön wär's", kichert sie. „Nein, das geht ganz anders. Der Reiter sagt dem Pferd in einer Art Zeichensprache, was er möchte, aber diese Zeichen muss es natürlich erst mal lernen. – Komm mit, dann zeig ich dir, wie wir das machen."

Renate nimmt mich mit zum Stall, wo eine gesattelte Fuchsstute schon auf sie wartet. „Das ist Gloa; das ist isländisch und heißt ‚die Leuchtende' – weil sie so schön rotbraun ist", erklärt Renate. „Die Kleine ist jetzt vier Jahre alt und hat heute Schulstunde; und meine Tochter Steffi hilft mir dabei."

Vorsichtig gleitet Steffi in den Sattel. Die junge Stute bleibt ruhig stehen, denn Steffi und Renate reden ja freundlich mit ihr.

Gehn wir Pferdeflüstern?

Schulstunde für Gloa

Dann geht's an die Arbeit: Renate sagt aufmunternd „maaarsch!" und führt Gloa vorwärts. Nach ein paar Schritten hält sie Gloa am Führstrick zurück und sagt „Haaaalt". Gloa bleibt brav stehen – und wird mächtig gelobt.

Ich bin ein bisschen enttäuscht. Und wann kommt die Zeichensprache?

„Du hast nicht richtig zugeschaut", tadelt mich Renate. „Kurz bevor ich Gloa vorwärtsgeführt habe, hat Steffi leicht die Waden an den Pferdebauch gedrückt. Gloa lernt also, dass sofort nach dem Wadendrücken das Loslaufen kommt. Wenn wir das ein paarmal gemacht haben, läuft Gloa schon los, wenn sie nur die Waden spürt. Auch ohne dass ich sie führe.

„Und wie lernt sie stehen zu bleiben?", will ich wissen.

„Genauso", erklärt Renate. „Steffi nimmt die Zügel ein bisschen an, und ich bremse Gloa sofort danach und sage „Haaalt!" Bald weiß sie: Leichtes Zügelsignal bedeutet, dass sie stehen bleiben soll. Islandponies sind fit im Kopf. Die haben sowas schnell raus."

Pferdeflüstern für Einsteiger:

Goldika hasste es, gesattelt zu werden. Sie war als junges Pferd beim Satteln grob behandelt worden, und seither schnappte sie nach jedem, der sie satteln wollte. Doch eines Tages kam alles anders: Als ihre neue Reiterin dem übellaunigen Pferd behutsam den Sattel auflegte, gab es … ein Stück Mohrrübe. Als die junge Frau den Sattelgurt leicht festzog, gab es die nächste Mohrrübe. Bei jedem Handgriff am Sattel bekam Goldika ihr Stück Möhre. Es dauerte nicht lange, und sie freute sich aufs Satteln!

Islandponies lernen besonders leicht – auch das, was sie eigentlich nicht lernen sollten! Sie haben im Nu raus, bei wem sie ihren Kopf durchsetzen können.

Wer ist der Schnellste im ganzen Land?

Meister aller Klassen!

Also, eins ist mir inzwischen klar geworden: Tiere haben oft viel, viel mehr Grips, als wir uns vorstellen können – oder als wir uns vorstellen wollen. Wir Menschen wären so gern einsame Spitze und mögen es nicht, wenn jemand uns die „Schau" klaut. Wenn wir zum Beispiel unsere tollen Weltrekorde neben die Weltrekorde der Tiere stellen, sehen wir ganz schön blass aus… . Was ich in der Bibliothek über tierische Rekorde gefunden habe, ist wirklich der Hammer!

Usain Bolt aus Jamaica hat alle abgehängt: Er ist 100 Meter in 9,58 Sekunden gesprintet; umgerechnet sind das 37,6 Stundenkilometer. Eine Superleistung für einen Menschen – aber kläglich im Vergleich zu einem Geparden. Die Katzen beschleunigen mit drei Sprüngen von Null auf 60 Stundenkilometer und haben innerhalb von vier Sekunden, ihr Höchsttempo von 112 Stundenkilometern erreicht!

Den Weltrekord im Weitsprung hält seit 1991 der Amerikaner Mike Powell: Er sprang sagenhafte 8,95 Meter weit. Unter den Zweibeinern hat ihn seither niemand übertroffen. Unter den Vierbeinern sieht das schon anders aus: Ein Graues Riesenkänguru auf der Flucht rast mit rund 80 Stundenkilometern durch die Gegend – mit Sprüngen bis zu 13 Metern Länge. Vielleicht gehört die Goldmedaille im Weitsprung aber auch dem Schneeleoparden: Einer soll nämlich über eine 14 Meter breite Felsspalte geschnellt sein.

Der Weltrekordhalter im Dreisprung ist Jonathan Edwards aus England; er sprang 1995 18,29 Meter weit und ist seither von niemandem übertroffen worden. Ein Strauß, der sein Tempo auf Spitzenwerte steigert, macht zwar „nur" Schritte bis zu dreieinhalb Metern Länge – auf den Dreisprung umgerechnet wären das 10,50 Meter –, dafür hält er solche Riesensätze aber auch ein paar Kilometer lang durch.

Der Kubaner Francisco Ferrera tauchte 69 Meter tief – tiefer als irgendein Mensch vor oder nach ihm. Eine Weddellrobbe dagegen taucht fast 10mal so tief (rund 600 Meter) und bleibt bis zu 70 Minuten unter Wasser!

Weltmeister im Hochsprung sind Pumas: Sie springen aus dem Stand 5,40 Meter hoch – das ist ungefähr doppelt so hoch wie der Weltrekord von 2,45 Meter, den Javier Sotomayor aus Kuba 2006 gesprungen ist. Ein Puma könnte also ohne weiteres auf einen Balkon im zweiten Stock hüpfen.

Im Sommer 2009 schwamm der Brasilianer Cesar Cielo Filho 100 Meter Freistil in 46,91 Sekunden. Umgerechnet sind das 7,7 Stundenkilometer. Tolle Zeit, atemberaubende Leistung – jedenfalls für jemanden, der nicht mit Flossen geboren ist. Aber ganz unter uns: Jede Forelle hätte ihn abhängen können. Ein Pinguin schafft schon 50 Stundenkilometer und ein Fächerfisch sogar 109 Stundenkilometer!

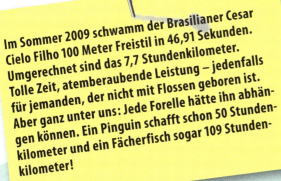

Voll auf Kurs

Vögel einzeln ziehen, kann keiner dem anderen die Flugroute zeigen. Trotzdem weiß jeder genau, wo es hingeht. Als hätten sie ein eingebautes Navi."

„Toll!", meine ich beeindruckt. „Aber wie kriegen Forscher sowas eigentlich raus? Flitzen die hinterher und schauen nach, wohin die Vögel fliegen?"

Die Vögel mit dem eingebauten Navi

Friederike ist wirklich nett! Als ich ihr erzähle, dass ich zur Konrad-Lorenz-Forschungsstelle an den Almsee will, meint sie: „Weißt du was? Ich fahr mit und lotse dich hin. Der Weg ist nämlich nicht leicht zu finden. Wir armen Würstchen haben eben kein eingebautes Navi wie die Gartengrasmücken."

„Mücken? Mit Navi?", frage ich verdattert.

„Nein, Gartengrasmücken sind Vögel!", stellt Friederike klar. „Sie fressen Insekten. Deshalb müssen sie im Herbst wegziehen, weil es hier im Winter für sie nichts zu holen gibt."

„Okay, also Zugvögel. Aber wie ist das mit dem Navi?", bohre ich nach.

„Also, Gartengrasmücken ziehen im Herbst nach Afrika.", erklärt Friederike. „Weil die

„Der berühmte Verhaltensforscher Konrad Lorenz kannte die Sprache der Gänse in- und auswendig."

Der Sog nach Süden

„Nein, die haben für sowas natürlich spezielle Versuchskäfige", erzählt Friederike. „Die Gartengrasmücken sind zum Beispiel in kreisrunde Käfige gesetzt worden. Genau dann, wenn die freilebenden Gartengrasmücken fertig waren zum Abflug, sind die Vögel im Käfig rappelig geworden, als hätten sie ein geheimes Startsignal bekommen. Der Käfig hatte rundum eine Menge Sitzstangen. Das Raffinierte daran war: An die Sitzstangen waren Zähler angeschlossen, und jedesmal, wenn ein Vogel auf eine Stange hüpfte, wurde das vom Zähler ‚notiert'…"

„Ich glaube, jetzt hab ich's kapiert", unterbreche ich sie. „Wenn die Vögel am liebsten auf die ‚südlichen' Stangen hüpfen, dann wissen die Forscher, dass sie gerne nach Süden fliegen würden."

„Schlauer Willi!", lobt mich Friederike. „Genau so ist es. Solange die wilden Gartengrasmücken nach Südwesten fliegen, hopsen die Käfigvögel vor allem auf den südwestlichen Sitzstangen herum. Genau dann, wenn die Freiflieger an der Meerenge von Gibraltar nach Süden abbiegen, wechseln auch die Käfigvögel auf die südlichen Stangen. Und wenn die Vögel draußen nach Gibraltar Richtung Südosten weiterfliegen, zieht es auch die Käfigvögel auf die Südost-Sitzstangen. – Und dieses Wissen steckt in einem Gehirn, das kaum größer ist als ein Maiskorn! Ist das nicht toll?"

Immer Richtung Licht

Frisch geschlüpfte Meeresschildkröten krabbeln so schnell wie möglich zum Wasser, wo sie zumindest vor räuberischen Möwen und Krabben sicher sind. Aber woher wissen sie überhaupt, in welcher Richtung das Meer ist? Sie laufen einfach dorthin, wo es am hellsten ist, und das ist auch nachts immer das Meer, wo sich das Mondlicht auf dem Wasser spiegelt. Schwierig wird es allerdings, wenn Hotels, Strandbars oder Skybeamer den Nachthimmel künstlich erhellen. Dann laufen die frisch geschlüpften Winzlinge in die falsche Richtung und in ihr Verderben.

Schmetterlinge auf Wanderschaft

Manche Schmetterlinge haben schon eine lange Reise hinter sich, wenn sie im Frühjahr wieder über unsere Wiesen flattern. Die meisten Distelfalter und Admirale, die ab Mitte April bei uns auftauchen, sind in Nordafrika geschlüpft. Ihre Kinder und Enkel wachsen bei uns auf und machen sich im Herbst auf den Weg in den Süden, von wo ihre Nachkommen dann im Frühjahr wieder Richtung Norden aufbrechen – ein ewiger Staffellauf der Schmetterlingsgenerationen.

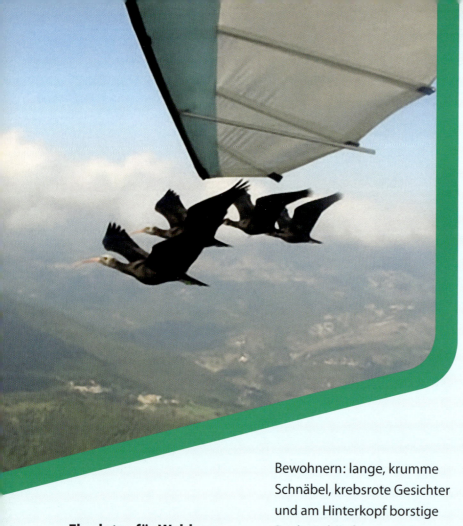

Fluglotse für Waldrapps

„Was sind denn das für ulkige Vögel?", nörgle ich. Nach fast drei Stunden Fahrt sind wir endlich an der Konrad-Lorenz-Forschungsstelle angekommen und stehen jetzt vor einer großen Voliere mit seltsamen Bewohnern: lange, krumme Schnäbel, krebsrote Gesichter und am Hinterkopf borstige Punkerschöpfe.

„Das sind Waldrapps. Ich weiß, die sehen total schräg aus," stimmt Friederike zu, „aber sie sind echt nett. – Demnächst wird's übrigens spannend: Die Kinder von diesen Vögeln sollen wieder in Freiheit leben. Aber dazu müssen sie erst in ihr Winterquartier in der Toskana fliegen."

„Aha, schon klar: Die starten einzeln und wissen genau, wohin sie fliegen müssen, obwohl ihnen niemand Bescheid gesagt hat", erzähle ich brav, was ich gelernt habe.

„Nein, Fehlanzeige. Bei Waldrapps ist das viel komplizierter", bremst Friederike meinen Redefluss. „Junge Waldrapps müssen von ihren Eltern lernen, wohin die Reise geht. Das Dämliche ist nur: Die Eltern von unseren Jungvögeln kennen den Weg ja selbst nicht. Die waren ihr Leben lang in der Voliere und wären als Reiseleiter ein Riesenflop."

Reif für die Toskana

„Aber wie sollen die Jungen dann in die Toskana finden?", frage ich. „Die Forscher können doch nicht vor ihnen herflattern und ihnen zeigen, wo es langgeht!"

Total abgehoben!

Friederike grinst. „Ob du es glaubst oder nicht: Genauso machen sie es! Zwei Forscher haben die jungen Waldrapps als Küken aus dem Nest genommen und aufgezogen. Und jetzt laufen die Kleinen ihnen überallhin nach, als wären sie ihre Eltern. Wenn die Forscher sich dann morgen in ein Leichtflugzeug setzen und losfliegen, dann fliegen die Jungen hinterher; zuerst machen sie noch ein bisschen Konditionstraining, dann geht's ab in die Toskana."

„Unglaublich!", staune ich, „aber wie geht's dann weiter? Müssen die beiden sich dann jeden Herbst ins Flugzeug setzen und die Waldrapps nach Italien lotsen?"

„Ich glaube nicht!", meint Friederike zuversichtlich. „Wenn alles klappt, finden die Waldrapps den Rückweg ganz allein, wenn sie in drei Jahren Lust zum Brüten bekommen."

„Wie bitte? Die sind ein einziges Mal in die Toskana geflogen und haben die Flugroute noch nach drei Jahren im Kopf?", frage ich ungläubig.

Friederike nickt. „Nicht schlecht, oder? Und die ersten haben es schon geschafft. Irgendwann leben in Österreich bestimmt wieder Waldrapps in Freiheit."

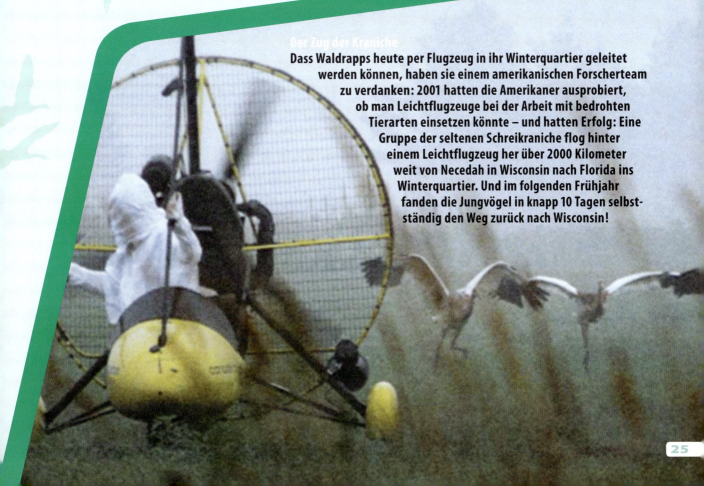

Der Zug der Kraniche
Dass Waldrapps heute per Flugzeug in ihr Winterquartier geleitet werden können, haben sie einem amerikanischen Forscherteam zu verdanken: 2001 hatten die Amerikaner ausprobiert, ob man Leichtflugzeuge bei der Arbeit mit bedrohten Tierarten einsetzen könnte – und hatten Erfolg: Eine Gruppe der seltenen Schreikraniche flog hinter einem Leichtflugzeug her über 2000 Kilometer weit von Necedah in Wisconsin nach Florida ins Winterquartier. Und im folgenden Frühjahr fanden die Jungvögel in knapp 10 Tagen selbstständig den Weg zurück nach Wisconsin!

Hallo Mami?

Die erste Lektion der Gänsekinder

Die Konrad-Lorenz-Forschungsstelle ist ein wunderbarer Ort! Die Station liegt am Ufer des Almsees mitten in einem Naturschutzgebiet. Das Wasser ist so klar, dass ich jedes Steinchen am Grund erkennen kann. Rund um den See ragen die Berge auf, ein breiter Waldgürtel zieht sich an den Berghängen entlang, und im Norden läuft der See in ein kleines Moor mit Birken, Erlen und einer Menge Binsen aus. „Vogelfreunde lieben diese Gegend", erzählt Friederike, „hier gibt es nämlich eine Menge seltener Vogelarten, sogar Schwarzstörche und Uhus."

Aber ich finde, das Schönste am Almsee sind die Graugänse. Mit heiserem „Gangangang" ziehen sie ihre Kreise über uns, dösen vor den Forschungshäusern in der Sonne, ein Bein elegant unter einem Flügel verstaut, oder weiden leise schnatternd auf den Rasenflächen zwischen den Gebäuden. Graugänse, wohin man schaut! Friederike sagt, dass der berühmte Verhaltensforscher Konrad Lorenz, der diese Forschungsstation vor 36 Jahren gegründet hat, die Großeltern der Gänse selbst hierhergebracht hat, „und er hat etwas ungeheuer Spannendes entdeckt: Gänseküken wissen bei ihrer Geburt noch gar nicht, wie ihre Mutter aussehen muss. Für sie ist einfach das erste Lebewesen, das nach dem Schlüpfen in ihrer Nähe bleibt und sich mit ihnen unterhält, ihre Mutter. Wenn das ein Mensch ist, dann halten sie eben diesen Menschen für ihre Mutter."

Mama muss keine Federn haben

„Mit Grips und Lernen hat das aber nichts zu tun, oder?", frage ich etwas ratlos.

„Sogar eine ganze Menge!", sagt Friederike. „Das Spannen-

Ziegenmütter sind nach der Geburt ihrer Jungen ungeheuer sensibel für den Geruch ihres Kindes und prägen sich seinen Duft für immer ein.

...de ist, dass so eine winzige Gans in so kurzer Zeit so viel lernen kann. Das Gänsekind muss ja seine Mutter sozusagen auswendig lernen. Ich hab hier mal als Gänsemutter gejobbt. Ich sag dir, das ist ein Gefühl, das ich nie vergessen werde: Da hockt so ein frisch geschlüpftes Gänschen vor dir, noch ganz feucht und wackelig auf den Beinen, und schaut dich unglaublich intensiv an. Und du siehst ihm an, dass es jetzt die wichtigste Lektion seines Lebens paukt: ‚Das ist meine Mami! Gut merken! Nicht vergessen!' Von da an folgt dir der Daunenball, wohin du auch gehst." Friederike bekommt noch jetzt leuchtende Augen, wenn sie davon erzählt.

Auch Hunde brauchen Kindergärten!
Wenn aus einem Hundewelpen ein nettes, angenehmes Familienmitglied werden soll, muss er doppelt geprägt werden: In seiner sensiblen Zeit ab der 8. Lebenswoche muss er nicht nur viel Zeit mit Menschen, sondern auch mit anderen Hunden verbringen. Nur dann „weiß" er, dass Vier- UND Zweibeiner seine Artgenossen sind und kann später problemlos und locker mit ihnen umgehen. Hunde, die als Welpen kaum Kontakt zu anderen Hunden haben, werden später oft Angstbeißer: Sie haben einfach nicht gelernt, wie man sich unter Artgenossen zu benehmen hat.

WWW Unvergesslich!
Wenn Tiere etwas sehr schnell lernen, wenn dieses Lernen nur in einer kurzen Phase ihres Lebens möglich ist und wenn die gelernte Lektion ein Leben lang „sitzt" und nie wieder vergessen werden kann, dann nennt man das Prägung. Lachse zum Beispiel werden in ihrer Kinderzeit auf den Geschmack ihres Geburtsbaches geprägt. Diese Lektion sitzt so fest, dass die erwachsenen Fische nach vielen Jahren zum Laichen dorthin zurückfinden. Möweneltern werden auf die Rufe ihrer Jungen geprägt. Direkt nach dem Schlüpfen ihrer Küken prägen sie sich das Piepsen der Kleinen so schnell und gründlich ein, dass sie ihre Sprösslinge unter Hunderten herausfinden.

Hier kommt Willi, der Dohlenkiller!

Vorsicht Feind!

„Ist der Almsee eigentlich warm genug zum Schwimmen?", frage ich Friederike. „Ich hab nämlich meine Badehose mitgenommen." Schon wühle ich in meinem Rucksack – aber Friederike unterbricht mich ein bisschen nervös: „Wenn sie schwarz ist, dann lass sie lieber drin! Sonst ist hier in Null-komma-Nix die Hölle los."

„Wieso das denn?", wundere ich mich. „Sind hier schwarze Badehosen verboten?"

„Ja – bei den Dohlen!", erklärt Friederike. „Du hast doch sicher die Dohlen gesehen, die hier überall rumfliegen?"

Ich nicke. „Klar, die kenn ich aus München. Ich glaube, die brüten auf der Frauenkirche. Wird an denen hier auch herumgeforscht?"

„Aber sicher!", lacht Friederike. „Wir forschen an allem herum, was nicht bei Drei hinterm Busch ist! – Aber im

Ernst: Wenn du deine schwarze Badehose rausholst und ein bisschen damit rumwedelst, hast du hier sofort die ganze Bande am Hals."

„Was haben die Dohlen denn gegen meine Badehose?", frage ich verdutzt.

„Eigentlich nichts, aber wenn sie jemanden mit etwas Schwar-

zem, Baumelndem sehen, sind sie fest überzeugt, dass er ein Dohlenkiller ist. Das müssen sie nicht lernen, das ‚wissen' sie von Geburt an, das ist Instinkt. Und so jemanden greifen sie gnadenlos an", warnt sie.

Trau schau wem!

„Dann sind Dohlen aber nicht sonderlich schlau, oder?"

„Da irrst du dich aber gewaltig", verteidigt Friederike ihre Lieblinge. „Dohlen sind unglaublich fit im Kopf. Die erzählen ihren Kindern genau, vor wem sie sich in Acht nehmen müssen. Junge Dohlen sind anfangs nämlich total naiv. Die würden neugierig sitzen bleiben, wenn eine Katze kommt. Aber zum Glück sind ja immer erwachsene Dohlen in der Nähe. Die gehen dann mit wildem Drohgeschrei auf die Katze los, und die Kleinen, die das miterleben, wissen für alle Zeiten: Katzen sind böse, böse, böse."

„Und wenn ich meine schwarze Badehose herumschlenkern würde", überlege ich laut, „… dann würden dich die Alten anzetern und über dich herfallen, und die Kleinen wüssten für alle Zeiten: Der Willi ist böse, böse, böse!", grinst Friederike.

Gemeinsam sind wir unerträglich

Wenn Tiere gemeinsam auf jemanden losgehen, der ihnen gefährlich werden könnte, nennt man das „Mobben". Wacholderdrosseln haben eine besonders wirksame Art, beispielsweise Greifvögel zu mobben: Sie zeigen ihnen, dass sie sie buchstäblich besch… finden! Manchmal wird ein Bussard so gründlich mit Drossel-Kot bekleckert, dass er nicht mehr fliegen kann. Eins zu Null für die Wacholderdrosseln!

SOS!

Vogelarten kann man bekanntlich nicht nur an ihrem Aussehen, sondern auch an ihren Rufen und Liedern unterscheiden. Ihre Warnrufe allerdings klingen oft einer wie der andere, zum Verwechseln ähnlich – und das ist gut so: Wenn eine Kohlmeise eine Katze entdeckt hat und vor ihr warnt, ‚verstehen' das auch Rotkehlchen, Amsel, Blaumeise und Buchfink. Sehr praktisch!

Die lügen wie gedruckt!

„Tote Tiere sind ein Leckerbissen für Kolkraben. Wenn sie zuschlagen, bleibt für Fuchs, Wolf und Bär nicht mehr viel zu holen."

Rabenschwarze Intelligenzbestien

Wir haben ein Riesenglück: Christian Schlögl nimmt uns mit zu seinen „Kindern". Die lieben Kleinen sind so groß wie Bussarde, pechschwarz und haben gewaltige Schnäbel. Christians „Kinder" sind nämlich Kolkraben.

Etwas mulmig ist mir schon zumute, als wir neben ihm in der großen Voliere stehen und die riesigen Vögel angeflattert kommen. Christian wirft mir einen prüfenden Blick zu: „Du siehst aus, als ob dir nicht ganz geheuer ist – aber keine Sorge: Die interessieren sich nur für das Fressen, das ich mitgebracht habe. Wir erforschen nämlich, wie Raben sich gegenseitig austricksen, wenn es ums Futter geht."

Er verteilt eine Handvoll Fleischreste auf dem Boden der Voliere und schon geht es los. „Da! Schau dir das an!" Christian deutet in eine Ecke, wo das Rabenweibchen Nemo hinter einem Felsen gelandet ist. Blitzschnell hackt sie ein Loch in den Boden, stopft ihren Fleischbrocken hinein, rupft einen Grasballen aus und deckt ihn darüber. Fertig!

„Sie ist nicht zufällig hinter den Felsen geflogen", erklärt Christian. „Sie hat sich zuvor umgeschaut und gemerkt, dass sie dort keiner der anderen sehen kann. Was sie dort hinten versteckt, wird ihr also später keiner klauen. Um Klauen und Beklautwerden dreht sich bei Raben nämlich fast alles."

Wenn jemand von ‚Raben' erzählt, meint er meistens Rabenkrähen. Aber Raben sind mehr als doppelt so schwer wie Rabenkrähen und ihre Flügelspannweite ist um die Hälfte länger!

Aus Dieben werden Teamarbeiter

In der Regel werden Wölfe und Bären von Raben nach Strich und Faden beklaut. Doch manchmal wird die gefiederte Diebesbande zu nützlichen Helfern: Raben locken Wolf oder Bär hin und wieder zu geschwächten Hirschen oder Elchen. Aus der Luft entdecken sie solche leichten Opfer natürlich schneller als die Fußgänger, andererseits könnten sie die Beute allein nie erlegen und brauchen die Hilfe der Bodentruppen.

Der Klau geht um

„Und wenn Nemo beim Verstecken merkt, dass sie doch beobachtet wird?", frage ich. „Was macht sie dann?"

„Dann wartet sie, bis der Zuschauer verschwunden ist und versteckt ihr Fleischstück schnell woanders. – Aber die anderen sind natürlich auch nicht auf den Kopf gefallen. Die stellen sich blind und doof, schielen aber aus den Augenwinkeln heimlich rüber. Und später fliegen sie dann hin und räubern alles."

„Wahnsinn! So viel Grips hätte ich einem Vogel nie zugetraut", meine ich bewundernd.

„Raben haben wirklich eine Menge Grips!", sagt Christian stolz. „Sie können etwas, das kein Hund zustande kriegt: Sie können sich ausmalen, was ein anderer wohl denkt und was er vorhat. Das ist hochintelligent. Raben sind mindestens so schlau wie ein zweijähriges Kind."

Eine wütende Krähe kann einem Bussard ganz schön Ärger machen!

Wer schummelt am besten?

Alles Lug und Trug!

Klauende Kolkraben sind längst nicht die einzigen Tiere, die andere an der Nase herumführen. Unter Tieren wird geschummelt, getrickst und gebluüfft, dass sich die Balken biegen! Christian hat mir da einiges erzählt… – „aber lass dich nicht täuschen", meint er dann noch, „wenn ein Käfer, ein Fisch oder eine Schlange tricksen, tun sie das nicht mit Überlegung und Grips. Ihre Täuschungsmanöver sind angeboren und laufen automatisch ab. Also reiner Instinkt."

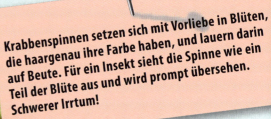

Gabunvipern beherrschen ein Täuschungsmanöver, das verblüffend simpel funktioniert: Sie müssen einfach nur reglos daliegen. Gabunvipern sind im afrikanischen Regenwald zuhause, wo der Boden immer mit abgefallenen Blättern bedeckt ist. Weil die Viper mit ihrem wunderschönen Muster in Braun, Beige und Rot selbst wie eine dicke, blätterbewachsene Wurst aussieht, wird sie von ihren Beutetieren erst bemerkt, wenn sie zubeißt.

Krabbenspinnen setzen sich mit Vorliebe in Blüten, die haargenau ihre Farbe haben, und lauern darin auf Beute. Für ein Insekt sieht die Spinne wie ein Teil der Blüte aus und wird prompt übersehen. Schwerer Irrtum!

Manche Spanner-Raupen sind leicht mit einem Zweig zu verwechseln: Ihre Haut sieht aus wie graubraune Rinde, ihr Körper ist lang und dünn wie ein Baumtrieb und außerdem spreizen sie sich noch vom Ast ab, als wären sie ein angewachsener Zweig. Andere Raupen hält jeder auf den ersten Blick für ein Vogelhäufchen. Wieder andere sehen haargenau wie die Flechten aus, auf denen sie leben.

Ein Kurzflügelkäfer „betrügt" mit einem speziellen Parfüm: Seine Larven duften genauso wie Ameisenlarven und betteln auch mit denselben Bewegungen um Futter. Prompt werden sie von Ameisen ebenso hingebungsvoll gepflegt und gepäppelt wie die eigene Brut – und das, obwohl die Eindringlinge sogar Ameisenlarven verspeisen. Wer „richtig" riecht, kann sich eben in der Welt der Ameisen (fast) alles erlauben.

Kaum ein Tier möchte sich mit Wespen, Hornissen oder Bienen anlegen. Schwebfliegen, ein paar Schmetterlinge und einige Käfer sind genauso schwarz-gelb geringelt wie Wespen – und werden prompt in Ruhe gelassen, obwohl sie keinen Giftstachel haben.

Wenn Erdkröten reglos am Ackerrand zwischen welken Blättern sitzen, sehen sie Lehmklumpen zum Verwechseln ähnlich. Ihre Tarntracht ist ein ausgezeichneter Schutz gegen ihre Feinde – gegen Autos schützt sie leider nicht.

Kohlmeisenmännchen sind Hochstapler: Sie singen bis zu sechs verschiedene Strophen. Für ein fremdes Männchen klingt dieses Gesangsgewirr so, als würden hier nicht ein, sondern sechs verschiedene Männchen leben. Angesichts einer solchen (scheinbaren) Übermacht unternimmt der Fremdling gar nicht erst den Versuch, sich anzusiedeln und verkrümelt sich.

Die Raupen des Mittleren Weinschwärmers tragen zwei große Augenflecken am Vorderende. Auf den ersten Blick sieht das aus wie ein Schlangenkopf; hungrige Vögel, die der Raupe „in die Augen" sehen, ziehen sich eingeschüchtert zurück und lassen den fragwürdigen Happen in Ruhe.

Geflügelte Buchhalter

So, den Besuch bei den Raben habe ich gut überstanden – und Christian hat mich sogar noch gelobt! „Aber eins kapier ich nicht: Wie schaffen es die Raben nur, sich all die Futterverstecke zu merken?", frage ich Christian. „Wenn so ein Rabe fünfmal am Tag Futter kriegt und wenn er seine Bröckchen jedesmal an sechs oder sieben Stellen versteckt…, der muss ja ein Gehirn haben wie ein Buchhalter! Ich kann mir nicht mal merken, wo ich meinen Hausschlüssel hingelegt habe."

„Ja, das Gehirn möchte ich auch haben", meint Christian nachdenklich, „dabei sind die Raben noch nicht mal die Besten. Da gibt es in Amerika Verwandte der Raben, die Westlichen Buschhäher. Was die Vögel sich merken können, ist fast schon unheimlich! Die speichern im Oberstübchen nicht nur ab, wo sie Futter versteckt haben. Die merken sich sogar, was sie in ihr Versteck gelegt haben und wann sie das getan haben."

„Wie meinst du das?", frage ich ein bisschen ratlos. „Die merken sich ‚in Versteck 1 liegen Eicheln, und ich habe sie vor fünf Tagen um drei Uhr nachmittags da reingestopft'? Oder so ähnlich?"

Gehirn wie ein Computer

„Ja, so ähnlich", nickt Christian. „Forscher haben mit ihnen Versuche angestellt: Die Häher haben Erdnüsse und Schmetterlingsraupen bekommen und

Nur Peanuts?

haben einen Teil davon wie immer versteckt. Aber dann haben die Forscher die Häher in einen anderen Käfig verfrachtet. Erst nach fünf Tagen durften sie wieder zu ihren Vorratsverstecken zurück – und weißt du, was passiert ist? Sie haben nur noch die Erdnussverstecke ausgebuddelt. Die Verstecke mit den Schmetterlingsraupen haben sie total ignoriert."

„Wieso das denn?", frage ich verwirrt, „hatten sie keinen Appetit mehr auf Schmetterlingsraupen?"

„Nein, im Gegenteil: Raupen sind ihre Lieblingsspeise. Aber sie wussten aus Erfahrung, dass Raupen schnell vergammeln und schon nach zwei Tagen nur noch Müll sind. Da lohnt es sich

natürlich nicht, sie nach fünf Tagen noch auszugraben. Also haben sie nur die Erdnüsse abgeräumt – und damit haben sie bewiesen, dass sie ganz genau wussten, in welchen ihrer vielen Verstecke Erdnüsse und in welchen Raupen verstaut waren. Eins steht fest: Ich könnte das nicht!"

www Lerchen brüten mit Vorliebe in Getreidefeldern. Aber wie schaffen sie es nur, ihr Nest in einem Feld wiederzufinden, in dem eine Halmreihe aussieht wie die nächste? Ein Auto auf einem Großparkplatz wiederzufinden, ist dagegen ein Kinderspiel. Versuche haben gezeigt, dass sich die Vögel vermutlich viele Kleinigkeiten merken, die unsereins übersehen würde: Vielleicht wächst eine Halmreihe etwas magerer als die nächste. Oder ein großer Stein liegt im Getreidefeld. Oder ein Distelstängel ragt aus dem Halmwald hervor. Für uns sieht ein Getreidefeld eintönig aus, für eine Lerche ist es voller Wegmarken.

Eichhörnchen müssen ihre Vorräte wiederfinden, Lerchen ihre Nester. Für beide ist ein gutes Ortsgedächtnis lebenswichtig.

Such die Banane!

Spicken lohnt sich

Wenn Schüler spicken, kriegen sie Probleme. Wenn Tiere spicken, sind Forscher ganz begeistert. Spicken können Tiere nämlich nur, wenn sie ziemlich intelligent sind.

Tina ist Biologin an der Uni Wien und versucht, mehr über das „Lernen durch Abschauen" herauszufinden; ihre „spickenden Schüler" sind winzige Affen, gerade so groß wie Eichhörnchen. Als ich sie besuche, bereitet sie gerade eine neue „Schulstunde" für ihre Schüler vor.

„Mann ist das heiß hier", stöhne ich, „aber deine Äffchen finden das gut, oder?"

„Die kommen ja auch aus Brasilien. Das sind Weißbüschelaffen, und die brauchen es schön warm und dampfig", erzählt Tina. „Wie schaut's aus? Sollen wir sie mal ihre Hausaufgaben machen lassen?"

„Klar! Und wie läuft das ab?", frage ich.

„Ganz einfach", erklärt Tina, „Ein Affe kennt einen Trick, wie man an verstecktes Futter rankommt. Ein anderer kennt diesen Trick nicht, darf aber zuschauen, wie sein Kollege sich das Futter holt.

Und dann darf er selber zum Futterversteck und darf zeigen, ob er gut aufgepasst hat."

Banane auf Abwegen

Die erfahrene Pandu kommt als Erste dran. Sie kennt diesen Versuch in- und auswendig: Gekonnt zieht sie das Röhrchen aus seiner Hülse, fischt das Bananenstück heraus, das im Röhrchen steckt und verspeist es genüsslich. Messina, für die das Ganze neu ist, hat vom Nachbarkäfig aus mit langem Gesicht zugesehen. „Der läuft jetzt das Wasser im Mund zusammen", meint Tina mitfühlend.

Jetzt wird Pandu zurück in ihren Wohnkäfig geschickt und Messina darf in den Versuchskäfig und ihr Glück versuchen. Sie hat zwar gut aufgepasst, aber Zuschauen ist eben doch leichter als Selbermachen. Irgendwie muss sie das Röhrchen aus der Hülse ziehen, das hat sie sich gemerkt – und sofort nachgemacht. Aber wo war noch gleich die Banane? Erst nach einigem Herumprobieren, Drehen und Stochern hält sie endlich das ersehnte Bananenstück in den winzigen Händen. Wir sind richtig stolz auf sie! Schlaue Messina!

WWW Kühe sind gar nicht so dumm, wie die meisten Menschen glauben: Manche lernen es, Äste von Apfelbäumen mit ihrer Zunge zu umwickeln und dann die leckeren Äpfel herunterzuschütteln. Doch egal, wie oft die anderen Kühe den Apfelschüttlern bei ihrer Arbeit zusehen, sie schaffen es nicht, den Trick einfach nachzuahmen. Sie schauen sich die Apfelernte nur mit großen Kuhaugen an – und grasen weiter.

Na, beißen sie?

Anfängerkurs im Termitenangeln

Tina ist begeistert über Messinas Leistung. „Wirklich prima, oder? Was Messina gerade gemacht hat, sieht für uns total simpel aus. Aber in Wirklichkeit ist das eine große Neuigkeit: Wissenschaftler haben bisher nämlich nur Menschenaffen zugetraut, dass sie einander Kniffe und Tricks abschauen können, den anderen Affen aber nicht."

„Menschenaffen, das sind Schimpansen, oder?", frage ich.

„Ja. Und Gorillas und Orang-Utans und Bonobos, also Zwergschimpansen." erklärt Tina. „Was die leisten, ist wirklich der Wahnsinn! Hast du mal Schimpansen beim Termitenangeln gesehen? In einem Tierfilm?"

„Kann man denn Termiten angeln?", frage ich verblüfft.

Petri Heil!

„Schimpansen jedenfalls können das", fährt Tina fort. „Die suchen sich ein Stöckchen, schälen die Rinde weg, beißen die Seitenzweige ab und fummeln so lange daran herum, bis das Ganze in Dicke und Länge passt. Mit diesem Stöckchen stochern sie in Termitenbauten herum. Die Termiten sind nämlich so doof, sich an dem Zweig

- Kaum zu glauben, dass so winzige Tiere wie Termiten …

- … solche gewaltigen Bauten hinstellen können.

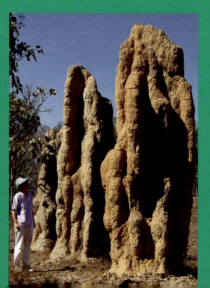

- Gorillas sind friedliche Vegetarier.

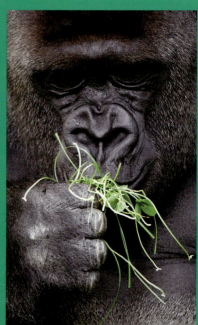

Regenwurm-Ragout
Dass Füchse Kaninchen und Hühner fressen, weiß jeder. Dass sie aber auch Regenwürmer lecker finden, ist kaum bekannt. Für die Regenwurmjagd werden Jungfüchse von ihren Müttern regelrecht trainiert: Mit einer Engelsgeduld bekommen sie immer wieder gezeigt, wie man den Wurm gaaaanz langsam aus seiner Röhre zieht, ohne dass er dabei abreißt.

festzubeißen. Der Schimpanse kann sie dann an seinem Stöckchen aus dem Bau ziehen wie ein Angler den Fisch."

„Genial!", staune ich.

„Aber es kommt noch viel genialer!", erzählt Tina weiter. „Schimpansenkinder gucken ihren Müttern richtig über die Schulter und schauen sich ab, wie man das richtige Stöckchen findet, wie man es zurechtbeißt und wie man dann schließlich angelt. – Und weißt du, was witzig ist? Die Schimpansenmädchen lernen all diese Kniffe doppelt so schnell wie die Jungs. Nicht weil sie schlauer sind, sondern weil sie sich besser konzentrieren. Die Schimpansenbuben spielen und kämpfen lieber, als dass sie ihren Müttern auf die Finger schauen. Klingt irgendwie bekannt, oder … ?"

Sprachlabor für Nachtigallen:
Wissenschaftler haben herausgefunden, dass der komplizierte Nachtigallengesang den Vögeln nicht angeboren ist, sondern gelernt werden muss: Die Forscher spielten den Nestlingen täglich Nachtigallenlieder vor, jede der 60 verschiedenen Strophen nur genau 20 mal. Als die jungen Nachtigallen nach ein paar Monaten alt genug waren, um selbst zu singen, trällerten sie genau die Strophen, die sie per Gesangs-CD gelernt hatten. Sie hatten sich die Melodien gründlichst eingeprägt und das Ganze auch noch monatelang fehlerfrei im Kopf behalten!

• Schön ist er vielleicht nicht, aber unglaublich schlau: ein Orang Utan.

• Bonobos gehen viel friedlicher miteinander um als wir Menschen.

Alles in Butter!

Teamarbeit bei Keas

Auch am Wiener Konrad-Lorenz-Institut bei Professor Ludwig Huber geht es um intelligente Tiere, genauer gesagt, um Keas. Das sind grasgrüne Papageien aus Neuseeland, ungefähr so groß wie ein Huhn und unglaublich schlau. Kaum stehe ich in der Voliere, klettert auch schon der erste mit Schnabel und Krallen an mir hoch und nestelt an meinem Rucksack herum. Der Professor schaut sich das grinsend an: „Ja, so sind sie! Wenn sie nicht gerade Hunger haben, spielen sie ständig an irgendetwas herum. Intelligente Tiere spielen eben gern, und die Keas gehören zu den intelligentesten Tieren überhaupt. – Hat er dich arg gezwickt?"

„Aua! – Ja, der kneift ganz schön", quieke ich. „Aber er meint es ja nicht böse. Wenn ihr

In ihrer Heimat Neuseeland haben die Keas keine gefährlichen Feinde ... .

Versuche mit den Keas macht, ist das wohl auch eine Art Spiel für sie?"

„Bestimmt! Die haben einen Riesenspaß dabei. – Willst du mal sehen, was wir gerade mit ihnen machen?"

Einer für alle

Er zeigt mir eine Art Wippe. „Schau mal: Wenn sich ein Kea hier auf die kleine Plattform am Ende der Wippe setzt, öffnet sich unten der durchsichtige Deckel über dem Holzkästchen. In das Kästchen gebe ich jetzt die Lieblingsspeise der Keas: Butter. Warten wir mal ab, was passiert!"

Die Keas haben gespannt zugeschaut, wie Ludwig die Butter in das Kästchen gestrichen hat und versuchen jetzt eifrig, den Deckel abzuhebeln. Schade, geht nicht! Einer von ihnen landet schließlich – ob zufällig oder absichtlich – auf der Plattform am anderen Ende der Wippe. Prompt öffnet sich unten der Deckel und die anderen Keas können sich die Butter holen.

„Das ist aber ungerecht", beschwere ich mich. „Der da oben hebt den Deckel, und die anderen bedienen sich. Wechseln die sich denn wenigstens mal ab? Jetzt müsste doch ein anderer oben auf die Plattform steigen, damit der Erste sich auch mal einen Happs Butter holen kann."

„Nein, gerecht sind Keas nicht", gibt Ludwig zu. „Der Untergebene bedient die Wippe und der Chef kassiert die Belohnung. Aber auf eine ganz verzwickte Weise ist bei Keas jeder der Chef von irgendjemandem, und auf diese Weise kommt dann doch jeder mal an die Butter."

... Hier können sie es sich „leisten" neugierig zu sein, ohne ihr Leben zu riskieren.

Schlauer Vogel!

Lösungen auszutüfteln, liegen die Keas bestimmt auf den ersten Plätzen. Beim Abschauen und Nachmachen sind aber andere besser. Menschenaffen zum Beispiel. Und wenn es darum geht, sich mitzuteilen und auszudrücken, sind vielleicht die Graupapageien die Sieger aller Klassen."

Unterhaltung mit einem Papagei

Er erzählt mir von dem berühmten Graupapagei Alex. Dieser Alex konnte nicht nur über 100 Wörter sprechen, er wusste bei manchen sogar, was sie

Graupapagei Alex

„Ich habe so viele intelligente Tiere kennengelernt, Raben und Hunde, Pferde und Keas. Aber welches von den vielen schlauen Tieren ist denn nun das Schlaueste?", frage ich Ludwig.

„Schwer zu sagen. Intelligenz hat ja viele Seiten", meint er. „Es kommt ganz darauf an, welche Art Intelligenz du meinst. Wenn es darum geht, etwas auszuprobieren und praktische

bedeuteten. Seine Besitzerin und Trainerin Dr. Irene Pepperberg konnte ihn richtig ausfragen und hat dabei tolle Dinge herausgefunden: Alex konnte Gemeinsamkeiten und Unterschiede von Dingen erkennen und ihr das mitteilen. Zeigte sie ihm zum Beispiel eine blaue und eine gelbe Tasse und fragte, was an den beiden gleich sei, antwortete er „Form". Zeigte sie ihm aber eine blaue Tasse und einen blauen Teller und fragte, was an den beiden gleich sei, sagte er „Farbe". Aber das ist längst noch nicht alles. Alex konnte nicht nur die Zahlen bis sechs sprechen, sondern auch richtig zählen. Wenn Irene Pepperberg ihm auf einem Teller fünf Erdnüsse hinhielt und ihn fragte, wie viele das seien, sagte er mit seiner seltsamen Bauchrednerstimme die richtige Zahl.

Aber Alex konnte noch mehr: Er konnte Irene Pepperberg richtig um etwas bitten. Hatte er Appetit auf Obst, sagte er zum Beispiel „will Traube". Wenn er sich langweilte und ein wenig aus dem Flurfenster in die Äste des Baumes gucken wollte, sagte er „will zum Baum". Und wenn einer der jüngeren Papageien, die mit ihm im selben Zimmer lebten, sich beim Sprechen ungeschickt anstellte, schimpfte er „sprich deutlich!"

Wie schaffen es Bienen nur, in so kurzer Zeit so viel Nektar zu sammeln? Ganz einfach: Sie lernen die ergiebigen Nektarquellen richtig auswendig, etwa so wie unsereins Vokabeln büffelt. Sie merken sich zuerst den Duft, dann die Farbe (Violett können sie sich am leichtesten merken) und schließlich die Form einer Blütenart. Spaßigerweise können sie sich später an die Blüten nur zu der Tageszeit erinnern, zu der sie sie gelernt haben. Wenn sie nach 9 Uhr an Blutweiderichblüten Nektar getankt haben, wissen sie nur ab 9 Uhr, wie Blutweiderich riecht und aussieht. Und nach 17 Uhr haben sie beispielsweise keine Ahnung mehr, woran man eine Lindenblüte erkennt.

Der Bonobo Kanzi versteht ein paar tausend (!) Wörter. Mit einer Tastatur, auf der 360 Symbole stehen, kann er sich richtig mit Menschen verständigen.

Am schnellsten von allen Tieren – schneller sogar als ein Schimpanse – lernt die Border Collie-Hündin Betsy. Man muss ihr einen Gegenstand nur ein- oder zweimal zeigen und ihr dazu seinen Namen sagen, dann weiß sie Bescheid. Betsy kennt zur Zeit die Namen von 340 Gegenständen, kennt die Namen von 15 Menschen und lernt noch täglich dazu. Sie lernt so schnell wie ein Kleinkind!

Das ist der Hammer!

5 cm

Tiere und ihr Werkzeugkasten

„Du siehst, Papageien können viel mehr, als nur Worte nachplappern", meint Ludwig, „und bei vielen anderen Tieren ist es genauso: Wir haben sie total unterschätzt. Vor ein paar Jahrzehnten haben wir noch geglaubt, das Besondere am Menschen sei die Sprache – und heute wissen wir, dass Schimpansen die Gehörlosensprache lernen können. Dann haben wir geglaubt, das Besondere am Menschen sei, dass wir Werkzeuge benutzen können – und dann kommen Forscher dahinter, dass viele Tiere das auch tun."

„Werkzeuge benutzen?", frage ich. „Du meinst, die schnappen sich einen Schraubenzieher und machen sich an die Arbeit?"

Ludwig muss lachen. „Nein, so hab ich das nicht gemeint – obwohl ich Schimpansen und Orang-Utans sowas durchaus zutraue! Nein, ich meine einfache Hilfsmittel wie Stöckchen oder Steine."

„Stimmt", gebe ich zu, „Steinzeitmenschen haben mal mit solchen Werkzeugen angefangen."

Menschenaffen, die verkannten Genies

Ludwig nickt. „Genau. Schimpansen suchen sich zum Beispiel Steine, um damit Nüsse aufzuklopfen. Sie angeln mit Stöckchen Termiten. Und ein

Orang-Utan im Zoo, dem in seinem Käfig langweilig war, hat sich sogar einen Dietrich gebastelt: Er hat sich ein Stöckchen gesucht, am Käfigschloss Maß genommen und so lange an dem Hölzchen herumgebissen, bis er eine Art Vierkantschlüssel hatte und damit seine Tür aufsperren konnte."

„Donnerwetter! Das ist ganz zelnd, „aber das stimmt auch nicht immer. Weißt du, dass japanische Wissenschaftler Schimpansen sogar an den Computer gesetzt haben?"

„Nein, wusste ich nicht", gebe ich zu. „So ähnlich wie der Hund von Friederike?"

„Nein, viel komplizierter. Die Forscher haben den

Eine Krähe aus Neukaledonien bastelt sich fast so geschickt Werkzeuge wie Menschenaffen: Die Krähe Betty bog sich einen Draht so zurecht, dass sie ihn als Angelhaken benutzen konnte, um Futter aus einer Röhre zu fischen. Dabei hatte sie noch nie in ihrem Leben Draht gesehen!

In Japan wurden Raben beobachtet, wie sie Nüsse auf die Straße warfen, wo sie dann von Autos geknackt wurden. Besonders gerne warfen die Raben ihre Nüsse auf Zebrastreifen. Sie hatten gemerkt, dass die Autos an diesen seltsamen Streifen regelmäßig stehenblieben, so dass sie die leckeren Nusskerne holen konnten, ohne als Raben ihr Leben zu riskieren.

schön schlau! Aber Menschen sind trotzdem noch viel schlauer", behaupte ich ein bisschen trotzig.

„Ich will dich ja nicht enttäuschen", meint Ludwig schmunzelnd, Schimpansen die Zahlen von 1 bis 9 beigebracht. Und dann haben sie ihnen auf einem Monitor zufällig gemischt diese Zahlen gezeigt – aber nur für einen kurzen Moment. Danach sollten sie sich erinnern, wo welche Zahl gestanden hat."

„Und?", frage ich gespannt. „Wie waren sie?"

„Super! Sie waren sogar besser als die Studenten, die den gleichen Test gemacht haben", erzählt Ludwig stolz. „Sieht ganz so aus, als wenn Schimpansen ein viel besseres Zahlengedächtnis hätten als wir schlaue Menschen."

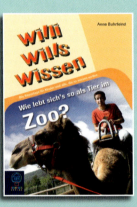
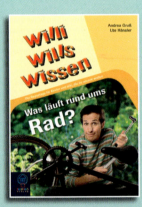

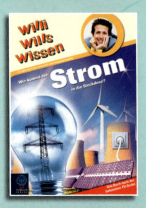

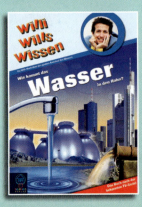